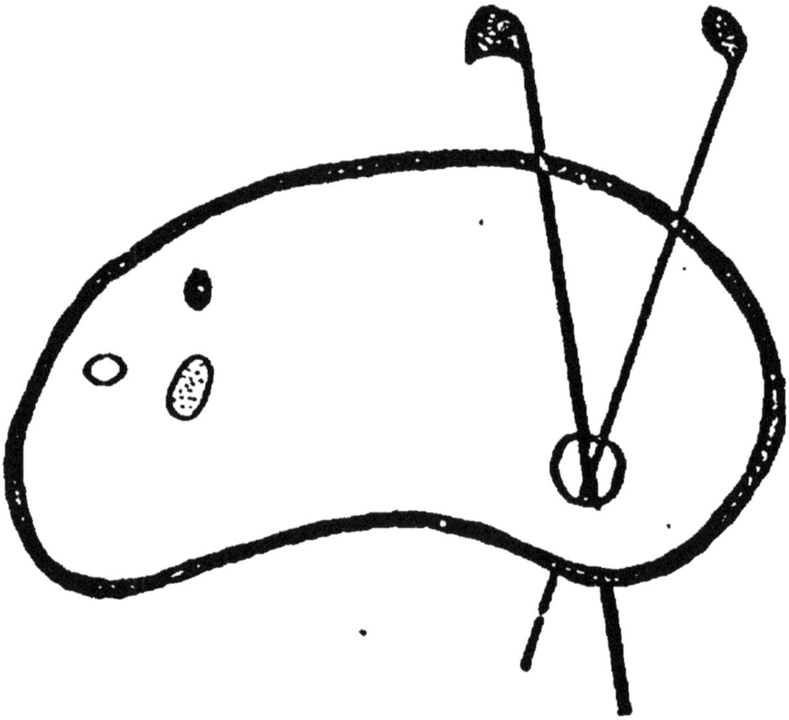

DEBUT D'UNE SERIE DE DOCUMENTS
EN COULEUR

ACADÉMIE DES SCIENCES, DES LETTRES ET DES ARTS
D'AMIENS.

ÉTUDE

SUR LE GOUVERNEMENT

DE

L'EMPIRE D'ANNAM

PAR M. A. DE PUIRAYMOND.

AMIENS
TYPOGRAPHIE H. YVERT
RUE DES TROIS CAILLOUX, 64
—
1878

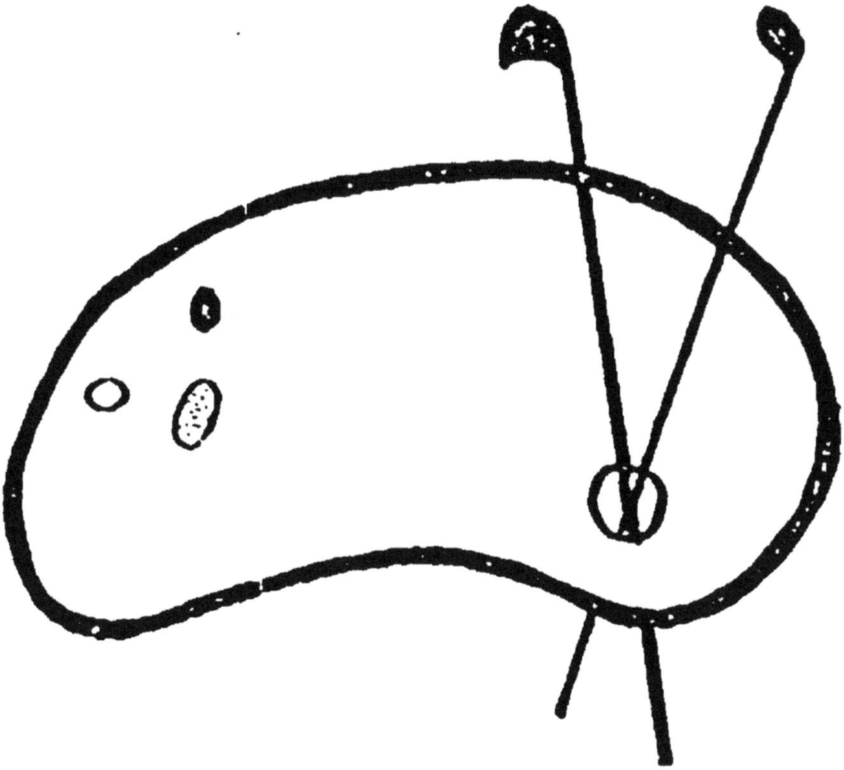

FIN D'UNE SERIE DE DOCUMENTS
EN COULEUR

ÉTUDE

SUR LE GOUVERNEMENT

DE

L'EMPIRE D'ANNAM

Par M. A. DE PUYRAIMOND.

(Séance du 25 Janvier 1878.)

Tout homme nait avec l'instinct de la conservation personnelle, c'est-à-dire l'égoïsme qui le pousse à chercher partout où il le trouve, son intérêt, le plaisir, le bien-être et le bonheur ; d'un autre côté, sa nature l'oblige à vivre en société, et il comprend qu'il ne peut y arriver qu'en s'imposant certaines règles et certains devoirs qu'il doit remplir envers les autres membres de l'association. De là deux façons d'agir qui se contrarient ; l'une par laquelle il désire se procurer le plus de jouissances possible, quand même ce serait aux dépens de son prochain ; l'autre qui fait qu'il désire que des régles soient imposées à ses concitoyens pour que ces derniers ne l'exploitent pas à leur profit. Comme vivre en société est une loi imposée à l'humanité, dont elle ne peut se dégager, et que l'expérience prouve que si aucun frein ne retient l'homme, il finit toujours par se laisser entraîner par l'intérêt personnel aux dépens de l'intérêt général, il a été reconnu qu'il était nécessaire d'établir un pouvoir chargé de faire respecter les règles indispensables à l'existence de toute association. Tout homme porte en lui un vague instinct de la vérité morale dont les grands traits se trouvent dans le Décalogue ; pour faire céder l'égoïsme personnel qui a une puissance presque irrésistible, puisque sans lui l'être ne se conserverait pas, à cette vérité morale sans laquelle il ne peut exister de bonheur ni même y avoir d'existence certaine pour la société en général, vérité souvent voilée chez lui par les appétits naturels, l'homme comprend qu'il faut au-dessus de lui un pouvoir qui l'oblige à ne jamais agir d'une façon nuisible à l'intérêt commun ; car l'expérience montre que toute atteinte portée à la prospérité du milieu dans lequel il se meut, amène fatalement une série de maux que son individualité est impuissante à conjurer ; tandis que la justice et l'ordre augmentent toujours son bien être en même temps qu'ils assurent la vie des Sociétés. Le sentiment moral est tellement inné dans le cœur humain que tous les spectateurs et les lecteurs même les plus pervers, exigent au théâtre et dans le roman l'échec et la punition du coquin et veulent, pour être satisfaits, le triomphe de la vertu. Bien des gens s'amusent dans la vie d'une façon malhonnête, mais ils demandent que le théâtre et le roman satisfassent l'instinct inné d'honnêteté que tout homme porte au fond de sa conscience ; instinct nécessaire, car toute société dont seraient bannies ces règles de conservation que l'on trouve les mêmes chez tous les peuples et à toutes les époques, périrait.

On n'a pas encore rencontré dans l'univers d'hommes qui n'aient admiré la beauté des préceptes du Décalogue, quand ils ont été mis à même de les connaître, et il a toujours suffi d'énoncer ces vérités éternelles, pour que les sauvages eux-mêmes en reconnaissent la sublimité.

Quand l'intérêt personnel n'est pas directement en jeu, l'homme a une notion claire de la justice et des sacrifices qu'exige l'intérêt commun ; ainsi telle personne qui ne consentira pas immédiatement à s'imposer une certaine charge pour un objet d'utilité dans son village, parce que la dépense le touche directement et immédiatement, n'hésitera pas dans une assemblée à voter des lois qui lui imposeront une charge aussi grande, parce que cet impôt s'applique à tous indistinctement et surtout parce qu'il n'est pas immédiat ; parce qu'en plus il se trouve alors dans un milieu où les idées s'élèvent et que sa conscience étant moins immédiatement en contact avec son intérêt personnel, comprenant la nécessité d'un sacrifice, prend alors le dessus sur l'égoïsme. C'est ainsi que l'idée d'agir de façon à ne pas nuire aux autres, quand même un intérêt direct le demanderait, idée qui n'est en nous qu'à un état vague, peut amener la conscience à vouloir la création de cette force, c'est-à-dire l'autorité d'un gouvernement, qui une fois établie, subsiste par l'évidence de ses services et est acceptée à cause de sa nécessité indéniable, par ceux là même qu'elle gène dans leurs appétits et qu'elle punit ; c'est ainsi que les nations qui ont une longue existence sont préservées de la ruine parce qu'elles placent au-dessus de tous les pouvoirs des règles absolues, que l'on met à l'abri des attaques en leur donnant la consécration de la tradition ou de la religion. A ces règles se soumettent toutes les autorités instituées pour faire fonctionner les rouages nécessaires à l'existence d'une grande agglomération d'hommes. Personne ne doit les enfreindre, et l'histoire montre que lorsqu'elles sont violées par ceux qui ont reçu la mission de les faire respecter, dans un temps plus ou moins éloigné de graves désordres surviennent dans la marche de la Société. Les peuples qui, ne mettant pas au-dessus de toute attaque les principes universels et consacrés par l'expérience comme indispensables à la vie des nations, y laissent porter atteinte sous l'influence d'un motif quelconque, plus ou moins spécieux, dont on veut faire à tort un droit primordial, ont toujours une existence tourmentée et finissent par disparaître ; car il n'est pas plus possible à l'individualité humaine de vivre quand elle viole les règles imposées par la nature à sa conservation, qu'à un peuple d'exister, s'il veut bannir de son organisme les lois reconnues par l'expérience universelle nécessaires à maintenir son existence dans les conditions favorables recherchées par tous les membres de l'association.

Il n'est pas plus facile à un individu isolé qu'à la masse d'une nation de créer un gouvernement stable, car il arrive toujours à un moment que l'intérêt personnel prend la supériorité sur l'intérêt général, et quand les règles morales qui font vivre la Société se trouvent enfreintes par la majorité des membres de l'association, ou par son chef, l'équilibre se trouve rompu, et la Société s'agite dans des convulsions successives, jusqu'à ce que ces règles nécessaires, se trouvant de nouveau pratiquées dans le fonctionnement du gouvernement, l'équilibre se rétablit. L'histoire montre qu'aucune nation n'a été à l'abri de ces secousses, soit que son gouvernement ait pour base le principe de liberté, comme les gouvernements des peuples Occidentaux, soit qu'au contraire il ait pour fondement le principe d'autorité comme chez les Orientaux ; de ses leçons découle aussi le fait que le principe d'autorité a donné une plus longue durée aux sociétés qui en ont fait la base fondamentale de leur organisation, qu'à celles constituées d'après d'autres principes ; la preuve la plus frappante de cette assertion se trouve dans la durée de 5000 ans de l'organisation des peuples de race chinoise, organisation basée sur ce premier principe poussé à un très-haut degré.

Tous les peuples ont donc accepté des gouvernements qui emploient des moyens différents pour arriver à un même but, lequel est de procurer le plus de bonheur possible aux membres de l'association. Dans les pays de civilisation chinoise, le gouvernement a pour base l'autorité paternelle, les lois relèvent d'un principe unique qui impose le plus profond respect pour le père de famille ; la religion consacre par les honneurs rendus aux mânes des ancêtres, ce respect qui prime toute chose dans l'organisation de la Société du Céleste-Empire. Dans l'intérieur de la maison, chacun y occupe le rang determiné par la nature, le garde avec les cérémonies traditionnelles, et manifeste ses sentiments en se conformant scrupuleusement aux rites.

L'empereur, père de ses sujets, est chargé de protéger les pauvres contre les riches ; les veuves, les orphelins, les infirmes, ceux qui manquent de secours, doivent être nourris par le magistrat du lieu où ils sont nés ; on ne peut laisser tomber la terre en friche, la stériliser, la soustraire à ses fonctions naturelles ; le propriétaire est responsable de la culture des terres ; le mandarin et l'inspecteur sont responsables des champs mal cultivés. Sous ce système s'est formé le plus grand empire du monde, empire qui comprend plus de quatre cents millions d'habitants et qui a imposé sa langue et sa législation aux pays qui l'entourent. Ce résultat a été obtenu en mettant au-dessus de toute discussion le principe de l'autorité du père, qui a tous droits pour combattre les rébellions contre son pouvoir.

L'égalité existe dans cette immense société où chacun peut par les examens arriver aux plus hautes fonctions du gouvernement ; où tout le monde, même le plus haut mandarin, est égal devant le châtiment et se trouve soumis à la même punition que le dernier homme du peuple ; où l'empereur lui-même se reconnait publiquement coupable d'avoir violé la loi divine, quand des fléaux viennent frapper la nation.

Tels sont les principaux traits du gouvernement de l'empire du Milieu, que nous allons retrouver dans l'étude du gouverment de l'empire d'Annam.

Les renseignements qui suivent sur l'organisation politique et sociale de l'empire d'Annam sont principalement tirés des ouvrages, que MM. Aubaret, capitaine de frégate, et Luro, lieutenant de vaisseau, inspecteur des affaires indigènes en Cochinchine, ont publiés sur la Cochinchine.

M. Luro définit ainsi la constitution politique de l'empire Annamite :

« La Constitution politique de la Société « Annamite n'est ni démocratique ni oligarchique ; « son gouvernement est la monarchie pure. Nous « ne trouvons, en effet, chez les Anamites, ni « parlement venant contrôler les actes du mo- « narque ou limiter son pouvoir, ni noblesse « faisant contre-poids à sa puissance »

« L'égalité entre les citoyens est absolue ; « l'accession aux charges est ouverte à tout le « monde ; on ne remarque d'autres distinctions « sociales que celles qui s'attachent aux fonctions, « au mérite, à la fortune.

« Au-dessous du monarque, pas d'aristocratie « dans le vrai sens du mot ; de même qu'en Tur- « quie il y a le sultan et le peuple, de même ici « nous avons l'empereur et le peuple. »

Il existe cependant une espèce de noblesse divisée en cinq classes que l'on obtient soit à la suite d'actions d'éclat, soit à la suite de services civils distingués. Ces titres n'ont aucun rapport avec les grades du mandarinat, c'est-à-dire, qu'un haut fonctionnaire peut n'avoir que le dernier degré de noblesse, tandis qu'un petit fonctionnaire peut obtenir le premier degré. Mais il faut remarquer que pour exercer une fonction dans l'état, on doit toujours avoir satisfait aux examens, et que la noblesse ne donne aucun droit à aucun emploi ni politique, ni administratif ; à chaque génération, le titre descend d'un degré et finit bientôt par s'éteindre. Ces titres ne sont donc que de simples marques de distinction, donnant certains droits de préséance dans les cérémonies publiques et quelques immunités d'impôts, et ils ne peuvent se se conserver que dans les familles dont chaque descendance a un mérite assez grand pour obtenir la conservation du titre, qui autrement se perd par la succession des générations. Pour récompenser de grands services rendus à l'État, le roi peut créer des espèces de majorats, transmissibles de mâle en mâle par ordre de primogéniture. Ce don de l'empereur est inaliénable et augmente dans les familles la part des biens immobiliers voués au culte des ancêtres ; il a pour but d'assurer le culte de la mémoire d'un grand serviteur du pays et de maintenir dans un état convenable son tombeau et celui de ses ancêtres.

Il ne faut pas croire cependant que le pouvoir de l'empereur ne soit soumis à aucunes règles et que sa volonté soit sa seule règle de conduite.

Le pouvoir du Souverain est réglé par la tradition ; le roi est forcé de se soumettre aux règles que contiennent les livres séculaires qui se sont transmis de génération en génération, règles qui remontent à plus de trente siècles avant notre ère, et son autorité est limitée par les devoirs que lui impose la doctrine de Confucius, doctrine suivie par tous les lettrés de la nation.

Ainsi, comme le dit M. Luro :

« Le D'uc Hoang Dê, l'empereur Auguste et « Saint, ainsi que l'appellent les Annamites, est « empereur, souverain pontife, juge suprême. Il « est le père et la mère du peuple. Il est le pre- « mier lettré de son empire, c'est-à-dire le plus « fidèle observateur de la doctrine de Confucius. « Lui seul est le représentant, le mandataire du « ciel. Lui seul a le droit d'offrir pour la nation, le « sacrifice au Thu'o'ng Dô, au suprême empereur « des choses et des âmes. Lui seul, dans son « empire, s'appelle le fils du ciel, titre qui est « un symbole de sa soumission aux idées reli- « gieuses traditionnelles et au devoir filial. Ce titre « n'emporte aucune idée d'orgueil, ni d'assimi- « lation à la divinité ; c'est un nom tout de piété « filiale qui exprime la subordination au suprême « empereur et le devoir de pratiquer la vertu « dont ce dernier est le divin modèle.

« Aussi voyons-nous, pendant les calamités pu- « bliques, le fils du ciel sous l'inflence de ces « idées, se déclarer coupable des malheurs qui « affligent la nation ; confesser humblement dans « les édits, sa propre indignité ; ordonner des « jeûnes à la Cour, aux fonctionnaires, au peuple ; « offrir des sacrifices pour apaiser le courroux d'en « haut et ramener la prospérité. Confucius et les « philosophes de son école ont tracé les règles de « la conduite de l'Empereur ; s'il s'en écarte, il

« pèche, il forfait à sa mission, il perd le mandat « du ciel.

« Perdre le mandat du ciel, c'est perdre l'em- « pire, car lorsqu'un souverain gouverne tyranni- « quement le peuple, l'histoire nous montre de « loin en loin, surgissant au moment décisif, un « homme supérieur, écho des idées de tous, qui « déclare que le souverain a perdu le mandat du « ciel. Cette fatale excommunication, engendrée « et répercutée dans la conscience publique, « suffit pour faire écrouler la dynastie. Mais cette « évolution dans les esprits est lente à se produire « et révèle d'effroyables souffrances, car c'est un « acte d'impiété, un sacrilège que de se révolter « contre celui qui possède le mandat du ciel.

« On voit donc que le système de gouvernement « est la monarchie pure, limitée par une coutume « séculaire devenue une règle religieuse inviolable, « et par un code transmis, de temps immémorial, « de génération en génération. Partant de cette « idée admise chez tous les peuples, quelque soit « leur degré de civilisation, que le père a autorité « sur ses enfants et que les enfants lui doivent « respect et obéissance, les peuples de race « Chinoise reconnaissent l'autorité d'un Empereur « tenant son pouvoir du ciel, auquel ils obéissent « comme l'enfant à son père ; tout autre système « de gouvernement ne peut être admis par eux, « car disent-ils . « n'avoir pas de chef est indigne « de l'homme, c'est ressembler aux animaux. »

D'après M. Luro, la succession au trône a lieu par ordre de primogéniture de mâle en mâle, étant bien entendu par le premier-né le premier enfant de la reine, c'est-à-dire de la femme de premier rang, la femme legitime. Cet auteur ajoute que c'est pour avoir voulu mettre sur le trône, au mépris de ces lois, des fils de femme de second rang au lieu et place de l'héritier de droite lignée, que des révolutions dynastiques ont eu lieu en Chine et dans le pays d'Annam. Cette observation peut être contredite ; des insurrections ont pu être faites sous ce prétexte, mais rien ne prouve dans l'histoire de ces deux empires que la règle indiquée par M. Luro ait été reconnue comme fondamentale. On voit au contraire des empereurs désigner pour leur successeur des enfants autres que les fils légitimes et même des étrangers à leur famille, comme le fit l'empereur de Chine Yao, l'an 2297 avant Jésus-Christ.

Après un long règne, cet illustre monarque se trouvant trop faible pour soutenir le fardeau de l'empire, fit appeler ses ministres et leur dit : « J'occupe le trône depuis 70 ans ; si parmi vous, quelqu'un se croit capable de gouverner, je lui céderai ma place. » Les grands ayant répondu qu'aucun d'eux n'avait les talents nécessaires : « Proposez-donc, ajouta l'empereur, ceux qui sont sans emploi et qui mènent une vie privée. » Tous répondirent : » Yu Chun, quoique âgé est sans femme et appartient à une famille obscure — J'en ai entendu parler, dit l'empereur, qu'en pensez-vous ? — Yu-Chun, répondirent les grands, quoique fils d'un père aveugle qui n'a ni talent ni esprit, quoique né d'une méchante mère par qui il est maltraité, et qouique frère de Siang, qui est plein d'orgueil, garde les règles de l'obéissance filiale et vit en paix. Insensiblement il est parvenu à corriger les défauts de sa famille et à empêcher qu'elle ne fasse de grandes fautes. » Alors, l'empereur dit : « Je veux lui donner mes deux filles en mariage et il me succèdera au trône, à l'exclusion de mon fils Ly, qui s'en est rendu indigne par son manque de respect envers ses parents. »

Il faut remarquer qu'un des principaux motifs qui entraînent cette résolution est l'obéissance qu'a toujours témoignée Yu-Chun pour ses parents.

Les femmes, considérées comme incapables de rendre le culte aux ancêtres, sont exclues du trône, mais non de la régence.

Toute personne a le droit de s'adresser au roi, soit pour réclamer contre une injustice, soit pour tout autre motif; il suffit, pour être introduit devant le tribunal de l'appel au roi, de frapper le tambour suspendu en dehors de l'enceinte royale, mais si l'on a frappé sans juste motif, l'on encourt un châtiment d'au moins cent coups de bâton.

L'empire d'Annam est divisé en provinces dont les chefs relèvent des six grands tribunaux ou ministères institués dans la capitale Huè, qui sont :

1° Le ministère ou grand tribunal des mandarins ou de l'intérieur ;

2° Celui des finances et de l'impôt ;

3° Celui des rites et cérémonies ;

4° Celui de la guerre et des armes ;

5° Celui de la justice et des peines ;

6° Celui des travaux publics.

Chaque ministère comporte :

Un président ou ministre ;

Deux vice-présidents ou assesseurs du président.

Deux sous-assesseurs ou conseillers ;

Un vice-conseiller.

Tous ces dignitaires ont le titre d'excellence ; ce sont les hauts mandarins, comme les appellent les Européens.

Sous leurs ordres sont placés : de trois à cinq délégués à l'intérieur ; des délégués à l'extérieur ; des sous délégués et des employés dont le nombre varie selon les besoins du service et qui sont mandarins ; plus des écrivains et des greffiers en nombre indéterminé qui ne font pas partie du mandarinat.

Au-dessus de ces ministères sont placés auprès de l'empereur :

Le grand censeur ou grand chancelier du royaume assisté de deux ou trois vice-grands censeurs pour le civil ;

Le grand maréchal du centre, assisté de quatre maréchaux dits : de l'avant-garde, de l'aile gauche, de l'aile droite et de l'arrière-garde, pour le militaire.

Auprès du roi dans son palais, sont les conseillers royaux dont l'importance est très inférieure à celle des membres du conseil de l'empereur de Chine.

Le grand maréchal du centre est le chef suprême de l'armée ; il est chargé de la défense de la citadelle intérieure de Huè où réside le roi. Huit généraux en chef se partagent le commandement des forces militaires qui se divisent en infanterie et marine ; chaque général commande 10 régiments formant environ 10,000 hommes ; le reste de l'armée se compose, hors de la capitale, des milices des provinces qui sont levées selon les besoins, et l'etat de guerre ou de paix.

Au-dessous des généraux en chef sont de simples généraux ; chaque régiment a à sa tête un colonel et un lieutenant-colonel ; ce sont eux qui fournissent les chefs militaires des provinces.

La marine se compose de 30 régiments formant un effectif de 15,000 hommes, placés sous le commandement d'un amiral en chef qui a le rang de maréchal ; il a sous ses ordres un vice-amiral et deux contre-amiraux qui commandent chacun 10 régiments.

Les mandarins se divisent en deux classes : les mandarins civils et les mandarins militaires.

Les mandarins civils sont chargés des fonctions admimistratives ; ils ne peuvent être pris que dans la classe des lettrés ayant satisfait aux examens ;

ils ont la prééminence sur les mandarins militaires qui en général sont très ignorants et dont les examens ne consistent guères qu'à tirer plus ou moins bien de l'arc et en divers exercices de ce genre. Il y a neuf degrès dans le mandarinat et chaque degré se divise lui-même en deux classes.

Les six provinces de la Basse-Cochinchine étaient placées sous les ordres d'un vice-roi résidant à la citadelle de Saigon ; trois d'entre elles appelées grandes provinces avaient sous leur haute administration une deuxième province appelée petite province ; ce qui faisait qu'il y avait dans la vice-royauté trois gouverneurs généraux et trois gouverneurs ordinaires.

Chaque province avait cependant son administration spéciale et entièrement distincte ; le gouvernement Annamite ayant pour règle de laisser chaque fonctionnaire placé à la tête d'un service aussi libre que possible et responsable de ses actes, sans que cependant la hiérarchie, très forte et très respectée dans l'empire, ait à en souffrir.

Après le gouverneur vient un mandarin appelé *quan-bô*, qui a la direction des impôts, des registres de population, des levées de troupes et de la surveillance de l'agriculture.

Aprés le *quan-bô* vient le mandarin *quan-an*, qui comme chef de la justice, collationne, révise, approuve, légalise toutes les plaintes judiciaires de la province ; par son tribunal, faisant fonction de cour d'appel, sont jugés les cas graves qui sont l'objet de rapports au roi ; le *quan-an* a aussi dans ses attributions le service de la poste qui est uniquement officiel.

Un officier général militaire, pris parmi les colonels de régiments royaux, ayant sous ses ordres un lieutenant-colonel, commande les troupes de la province, mais est placé entièrement sous les ordres du gouverneur.

La province est divisée en arrondissements nommés *phus*, à la tête desquels est un mandarin appelé *quan-phu*, chargé de tout le détail de l'administration de son arrondissement, surveillance générale, impôts, agriculture, justice, etc ; il rend compte de sa gestion à l'administration supérieure dont le siége est au chef-lieu de la province.

Le *phu* est divisé en sous-arrondissements *huyens*, qui ont à leur tête les mandarins *quan-huyen*, lesquels sont les subordonnés et les aides du *quan-phu* ; cependant il est d'usage que le *quan-phu* ne conserve que la haute surveillance de son arrondissement et le courant des affaires du *huyen* est transmis directement au *quan-huyen* par les chefs de la haute administration sans passer par le *quan-phu* et réciproquement. Le *huyen* sur lequel réside le *quan-phu* est directement administré par lui, ce qui économise un *quan-huyen*.

Les affaires importantes qui ont été examinées par le *quan-huyen* sont soumises au contrôle du *quan-phu* qui y appose son cachet et l'affaire est alors soumise par le *quan-huyen* au chef-lieu de la province. Auprès de ces mandarins sont placés des secrétaires et des greffiers.

Les *quan-huyen* sont pris parmi les lettrés, ayant satisfait aux examens, qui ont acquis une connaissance suffisante des affaires dans l'un des grands tribunaux du chef-lieu de la province. Pendant trois ans, ils n'ont que le titre de *quan-huyen* provisoire, puis sont confirmés dans leur fonction sous le titre de *chanh-huyen ;* si après trois nouvelles années, il n'y a aucun reproche grave à leur adresser, ils peuvent être nommés *quan-phu* provisoires, et enfin après trois ans encore *chanh-phu*. Ce temps écoulé, ils doivent, comme les *quan-huyen,* changer d'arrondissement, ou bien s'ils reçoivent de l'avancement, c'est pour remplir quelque fonction auprès de l'administration supérieure de la province, ou la charge de chefs des études, ou le plus souvent un emploi à la capitale dans l'un des ministères. Les mandarins supérieurs de la province n'ont aucune limite déterminée, ni comme avancement, ni comme temps de résidence ; ils dépendent uniquement de la volonté royale.

Un mandarin nommé *doc-hoc* est chargé de la direction des études dans la province, quoique l'enseignement soit entièrement libre. Comme ce mandarin a une certaine influence dans les examens, les élèves vont généralement étudier chez lui, ce qui lui permet d'augmenter ses appointements qui sont très modiques ; il en est de même des directeurs d'études placés sous ses ordres.

Les *do-hoc* ne font qu'assister les examinateurs et seulement hors de leur province ; les examinateurs viennent de Huè et sont désignés par le roi ; ce sont toujours de hauts mandarins assistés par des mandarins de grade inférieur qui les aident à corriger les épreuves écrites de l'examen qui ne comporte pas de partie orale.

Le *huyen* est divisé en cantons et le canton se divise en villages. Le village est l'unité dans le royaume d'Annam, où les centres importants tels que Huè, Saigon, etc., ne se composent en réalité que de villages agglomérés.

La commune est la dernière division de la géographie administrative. A l'origine, le territoire de la commune paraît avoir été fixé d'après le nombre de familles et la qualité des terres. De nos jours la commune nait de l'initiative libre et spontanée des citoyens. Tout homme peut obtenir pour lui, sa famille, et ceux qui veulent le suivre, le droit d'occuper les terrains en friche pour y fonder une commune nouvelle en s'engageant à payer l'impôt foncier après le défrichement. Après une enquête *de commodo et incommodo*, la demande est accordée par l'autorité provinciale, et le maire de la nouvelle commune reçoit l'acte de fondation, qui sert de point de départ au cadastre et au rôle de population.

Le fondateur de la commune remplit généralement les fonctions de maire et s'adjoint un ou deux habitants pour remplir les fonctions de notables ; c'est ainsi que s'appellent les membres du conseil municipal. Quand la population augmente tant par la fécondité des familles que par l'arrivée de nouveaux colons attirés par le désir de devenir propriétaires des terres non encore cultivées que l'on met à leur disposition, (car l'État ne concède à chaque fondateur qu'un lot déterminé des terres et reste propriétaire du surplus des friches vacantes), de nouveaux notables viennent augmenter le corps municipal.

Les notables sont nommés par leurs prédécesseurs encore en fonctions ; la durée de ces fonctions varie suivant les usages locaux ; le maire est élu par les notables, et peut se retirer au bout d'un an, quoique habituellement il reste plus longtemps ; mais ses fonctions sont obligatoires pendant la première année de l'élection ; son élection est soumise à l'approbation du chef du service administratif.

Le conseil se compose de notables majeurs et de notables mineurs ; les notables majeurs, y compris le maire, décident de toutes les affaires ; les notables mineurs font exécuter les décisions, sous la direction du maire ou du notable spécialement chargé de l'affaire.

Les notables sont choisis parmi les propriétaires fonciers, les commerçants ou les riches rentiers, et même parmi les simples habitants, lorsqu'ils jouissent d'une grande réputation d'honorabilité et de capacité.

Dans l'Annam, la commune est une personne morale jouissant de la plénitude des droits civils, pouvant acquérir, aliéner et agir en justice. Elle s'administre elle-même et n'est point soumise à la tutelle de l'État. Elle donne son avis sur la répartition de l'impôt et le perçoit ; elle fait avec ses propres ressources et après en avoir pris l'initiative, les travaux d'utilité publique qui l'intéressent, tient son contingent militaire au complet et est responsable de la police de son territoire. L'État n'intervient dans ses affaires que dans la mesure d'une action limitée aux intérêts généraux ; il ne se mêle de l'administration locale que lorsque la population porte plainte contre ses mandataires naturels. L'administration de la commune est réglée, en tout ce qui n'intéresse pas directement le service de l'État, non par la loi, mais par une coutume orale, traditionnelle, variant dans les détails de province à province et même dans les communes d'une même province.

Le village ou la commune est administré par son maire appelé vulgairement *ong-xa*.

Le maire n'est pas le président du conseil des notables ; il est le dernier des notables majeurs, parceque ses fonctions sont essentiellement exécutives ; il est l'agent accrédité par l'administration centrale et l'intermédiaire naturel entre la commune et le gouvernement. Ce rang de préséance accordé au maire est la conséquence logique de l'organisation du conseil où les notables mineurs chargés de l'exécution n'ont que voix consultative, tandis que les notables majeurs sont seuls chargés de prendre les décisions ; mais par exception à cette règle, le maire à cause de la responsabilité qui lui incombe, quoique agent exécutif, a les mêmes droits de vote que les notables majeurs.

Le maire a sous ses ordres des officiers municipaux en nombre relatif à l'importance du village. Il administre directement la commune ; c'est lui qui prélève les impôts d'après les cahiers de contributions de l'année courante ; il porte les impôts au chef-lieu de la province et en reçoit le récépissé ; il fournit le nombre de soldats que comporte la population de sa commune ; il veille à leur entretien et est responsable, d'après la loi, jusqu'à un certain point, de leur désertion ; aux époques de corvées ou de prestations en nature, il lève le nombre voulu de travailleurs, etc.

L'autorité du maire est considérable, et il y aurait à craindre des abus s'il n'était controlé par le conseil des notables, comme le veut la coutume, puis par le chef de canton et par le *quan-huyen*, comme l'exige la loi, et enfin si le respect de l'autorité qui est un véritable culte dans l'Annam, ne le retenait dans le devoir.

Au-dessus du maire est le chef de canton *caï-tong* et son second *pho-tong*, nommés par l'autorité parmi les notables les plus intelligents, sur la présentation des électeurs, tandis que le maire élu par ses égaux est simplement confirmé par l'autorité des mandarins.

Les chefs de canton sont choisis par les délégués des communes qui s'assemblent pour faire leur choix dans un des villages du canton, ou bien à la résidence du sous-préfet de leur arrondissement. Le jour de l'élection est fixé par l'administrateur de l'arrondissement. Le conseil de chaque commune délègue pour cette élection le maire et deux membres de la municipalité. L'élection se fait aux voix, mais au lieu de voter, on se met simplement d'accord après discussion ; s'il y a partage de voix, ou tout au moins une minorité considérable, chaque fraction propose son candidat. Si les préfets ne parviennent pas à trancher la difficulté en proposant une tierce personne aux suffrages des délégués, les deux élus sont renvoyés devant les autorités provinciales qui choisissent le chef de canton. Pour être élu, il faut avoir rempli les fonctions de maire ou de membre de la municipalité de sa commune pendant un an au moins, sans avoir encouru aucune réprimande. Le gouverneur de la province approuve la nomination et en donne avis au ministère du personnel ; l'élu reçoit avec le sceau en bois, insigne de sa charge, un brevet de chef de canton provisoire ; après avoir administré le canton pendant trois ans sans avoir encouru aucun blâme, il reçoit du roi un brevet de nomination définitive, et est assimilé aux fonctionnaires du 9e degré.

Les sous-chefs du canton sont nommés de la même manière que les chefs de canton, mais on n'en informe pas le ministère ; ils sont nommés à vie, mais peuvent être élus chefs de canton.

Les chefs de canton sont chargés de la surveillance et des affaires dans toute l'étendue de leur canton qui contient en général de huit à quinze villages. Ils jugent les affaires litigieuses qui sont exposées de vive voix, mais jamais les plaintes écrites qui sont au-dessus de leur compétence ; ils n'ont pas le droit de rendre une sentence écrite ; ce sont des juges de paix en conciliation. Si la plainte est rédigée en mémoire, elle est soumise au tribunal du *quan-huyen*, et il est interdit au chef de canton et à son sous-chef de s'en mêler. Si cependant l'affaire est très importante, on doit d'abord l'exposer au chef de canton, afin de ne pas lui cacher un fait qui peut intéresser la sécurité de l'État ou des particuliers, puis on la soumet au tribunal du *quan-huyen* ou du *quan-phu*, selon le cas.

Après trois ans d'exercice, si le chef de canton n'a été le sujet d'aucune plainte, on peut lui donner la dignité de chef de cent familles, ce qui l'assimile au 8e degré de mandarinat, et après trois ans de nouveaux services, il peut recevoir le titre de chef de mille familles ou *tien-ho* ce qui le classe dans le 7e rang du mandarinat ; ce sont d'anciens titres de petites noblesse militaire en Chine auxquels les gens du peuple attachent un grand prix.

La population de la commune, se divise en deux classes : les gens inscrits sur les rôles d'impôt et les gens non inscrits. Ces derniers ne paient point de contributions personnelles, parcequ'ils sont considérés comme trop pauvres. Pour participer aux affaires de la commune, on doit être inscrit sur le rôle de l'impôt foncier ou sur celui de la contribution peronnelle.

Dans certaines communes, dit M. Aubaret, le conseil des notables est élu par les inscrits, au lieu du mode de nomination indiqué plus haut.

Les notables choisissent parmi eux les fonctionnaires qui doivent gérer les intérêts de la communauté. D'anciens fonctionnaires, des personnes distinguées sont membres honoraires du Conseil ; des veillards âgés, ayant rempli des fonctions municipales, sont avec les membres honoraires admis à prendre part aux délibérations importantes et figurent aux cérémonies du village.

Le maire est aidé dans ses fonctions par le *huong-than*, ancien maire jouissant de la considération publique, qui l'assiste de ses conseils et de son expérience, intervient directement pour surveiller la stricte observance des rites et coutumes, est l'arbitre des différends qui surviennent dans le village et fait compléter le conseil quand ses membres ne sont pas en nombre suffisant ; le *huong-hao* s'occupe de la police et désigne les hommes chargés de faire à tour de rôle la garde de nuit contre les voleurs et les pirates ; les autres fonctionnaires municipaux sont affectés au maintien du bon ordre et à la police générale.

Au-dessous des notables sont les simples habitants parmi lesquels on distingue, comme nous l'avons dit, les inscrits et les non inscrits. Les premiers sont originaires de la commune, ou ont obtenu d'être portés sur les registres de la population ; ils sont inscrits sur le cahier des hommes valides, paient l'impôt de capitation et celui de la milice ; ils fournissent des hommes pour le recrutement et sont chargés de la garde du village ; les seconds sont de deux catégories : ceux qui sont inscrits dans une commune autre que celle qu'ils habitent et les pauvres gens et journaliers qui ne sont portés sur aucun registre et changent de domicile suivant leurs intérêts ou leur caprice ; ils sont obligés à contribuer à la garde commune et aux corvées et quelquefois à payer une part des dépenses communales, part librement débattue entre eux et les notables, qui ne se montrent jamais bien exigeants par crainte de voir s'éloigner une population flottante qui est quelquefois d'un grand secours à la communauté.

Dans la Basse-Cochinchine, il existait en outre une autre catégorie d'habitants appelés les cultivateurs de rizières ; elle se composait des vagabonds réunis en colonies militaires sous la direction d'hommes riches ou influents à qui on donnait des terrains incultes et qui étaient exempts d'impôts pendant un certain nombre d'années ; en temps de guerre, ils devaient le service personnel ; en temps de paix, ils étaient exempts de la capitation et du service des milices.

Dans chaque village, il y a le registre des inscrits qui sert à l'établissement des impôts de capitation, à la levée des troupes et à la répartition des corvées, et le registre des propriétés, véritable cadastre sur lequel sont portées toutes les terres de la commune avec leurs contenances, leurs qualités et les noms des propriétaires, qui sert à la fixation officielle de l'impôt foncier et à la constatation des droits des propriétaires.

Les Chinois sont organisés en sociétés particulières. Le gouvernement Annamite jugeant qu'il y aurait de grandes difficultés à faire vivre les nombreux chinois qui émigrent en Cochinchine, dans les mêmes municipalités que les habitants, leur laisse la liberté de s'organiser en groupes particuliers, qui sont aussi nombreux qu'il y a de chinois de langues différentes ; mais il sont soumis à toutes les lois et autorités de l'empire. Chaque groupe élit un chef qui remplit le rôle du maire de la commune Annamite ; mais les chinois étant dispersés dans toutes la province, ils sont soumis non-seulement au chef élu, mais encore à la police directe de la commune où ils résident.

Les enfants qui naissent du mariage des chinois avec les femmes du pays sont détachés de la congrégation de leurs pères et réunis en un groupe spécial. Exemptés comme leurs parents du service militaire et de la corvée, ils ne payent que la moitié de l'impôt exigé des chinois, qui est fixé pour ces derniers, suivant leur situation, à deux onces pour les plus riches et une once pour les moins aisés. Tous les métis d'une même province forment, par une fiction administrative, une seule commune ; un maire élu, assisté d'un conseil communal et soumis au contrôle d'un conseil communal, les administre. De plus les métis ont les mêmes droits politiques que les Annamites et peuvent arriver à toutes les charges du royaume, ce qui n'est pas accordé aux chinois.

Telle est dans ses traits principaux l'organisation de la Cochinchine ; les résultats obtenus sont-ils satisfaisants ? Les fonctionnaires remplissent-ils leurs devoirs comme ils devraient le faire dans l'intérêt de l'empire ? Nous laissons M. Luro répondre à cette question.

« En Europe, dit-il, on se fait difficilement une « idée de ce que sont les fonctionnaires chez les « peuples de civilisation chinoise. L'Européen, « même celui qui habite l'Orient, les juge toujours « mal et leur attribue volontiers la mauvaise admi- « nistration dont les peuples sont victimes.

« Il est assez naturel d'accuser les administra- « teurs ; mais il serait plus juste de faire remonter « la cause du mal aux institutions elles-mêmes. « Dans l'empire d'Annam, les lettrés sont assez

« instruits pour qu'on attende d'eux une bonne « administration.

« Si donc ce gouvernement, presque aussi « savamment organisé que ceux de l'occident, « produit des résultats déplorables, ce n'est pas « que ses fonctionnaires soient incapables, c'est « parce qu'il manque de contrôle. On ne peut « croire, en effet, à l'efficacité du tribunal des « censeurs, composé de mandarins. »

(Le tribunal des censeurs est placé au-dessus des six ministères ; ses membres sont chargés de contrôler l'administration du royaume dans tous ses détails ; ils ont le droit de censurer les actes et même la conduite privée de tous les fonctionnaires ou dignitaires, des personnes de la cour et des membres de la famille royale ; ils ont le devoir de faire des remontrances respectueuses au roi lui-même.)

« L'égalité devant la loi existe en principe chez « les Annamites, mais la liberté, qui permettrait « d'en faire une réalité, est absolument inconnue. « L'administration étant une émanation de l'auto- « rité royale, élever la voix contre elle, c'est « élever la voix contre le roi, dont le nom ne doit « pas même être prononcé par le peuple, de peur « de profanation. Le principe d'autorité a donc été « exagéré. Il a façonné au joug un peuple singu- « lièrement obéissant, respectueux envers ses « supérieurs, mais ignorant des droits que la loi « et la coutume lui accordent. A ce peuple illettré

« la loi est soigneusement cachée ; on n'en trouve
« d'exemplaire que dans les tribunaux. C'est un
« livre sacré que les lévites seuls peuvent ouvrir
« et expliquer. Si par exemple, le juge, le préfet,
« le collecteur d'impôts se trompent dans leurs
« décisions, le peuple ne doit pas s'en inquiéter ;
« il ne doit ni provoquer un contrôle, ni demander
« une réforme ; l'affaire sera révisée par les supé-
« rieurs hiérarchiques ou par le roi. Tout arrive
« donc en dernière analyse au monarque ; tout
« repose sur lui, c'est-à-dire sur un homme ordi-
« nairement élevé dans le harem et par conséquent
« tenu à l'écart des affaires pendant sa jeunesse.
« Les fonctionnaires n'ayant d'autre contrôle que
« l'autorité du roi, dont la volonté, l'intelligence,
« la puissance de travail sont toujours au-dessous
« d'une pareille tâche, et ce moteur souverain,
« dans cette machine si puissamment constituée,
« étant presque toujours inerte, l'administration
« ne reçoit pas d'impulsion régulatrice et le peuple
« est fatalement mal gouverné.

« Ce résultat, qui frappe les Européens, est
« l'origine de la mauvaise réputation des manda-
« rins, et par suite de toute la classe des lettrés.
« On les représente comme des gens absolument
« ignorants, sans moralité, sans dignité. Cepen-
« dant leurs connaissances en droit, en littéra-
« ture, en philosophie, en histoire, n'autorisent
« pas à dire qu'ils sont ignorants. Ils ignorent, il
« est vrai, les sciences utiles ; ils n'ont pas les

« connaissances pratiques qui leur permettraient « de faire fleurir l'agriculture, le commerce et « l'industrie, et par conséquent de faire progresser « leur pays. Mais cette ignorance relative tient à « la civilisation même qu'ils représentent et qui « est arriérée comme eux.

« Le seul reproche qu'on puisse légitimement « leur adresser, c'est d'être accessibles à la cor- « ruption, de recevoir de l'argent sous forme de « cadeaux. Cela parait moins étrange, si l'on réflé- « chit que ces mandarins n'ont pas de solde. « Quant au manque de moralité et de dignité, il « n'est pas rare de trouver parmi eux des hommes « d'une urbanité remarquable, dont la vie privée « et publique peut servir d'exemple dans tous les « temps et dans tous les pays.

L'organisation de l'empire d'Annam est donc la suivante : des communes indépendantes, s'administrant elles-mêmes au moyen des chefs élus par les habitants faisant réellement partie de la commune, c'est-à-dire portés sur les rôles des contributions foncières ou personnelles, ou ayant une renommée d'honnêteté et de capacité ; ne subissant aucun contrôle de la part de l'État sur ses affaires intérieures ; suivant dans leur administration des coutumes variant d'après les traditions de chaque province ; et un pouvoir central, excessivement puissant, ramenant à un seul centre, le souverain, tout le fonctionnement de l'administration de l'Empire. Mais si les communes sont entièrement libres dans leur administration intérieure, elles doivent se conformer scrupuleusement aux devoirs de toute nature, impôts, coopération aux travaux publics, levée de soldats, etc., imposés par le pouvoir central dans l'intérêt général. Afin d'assurer l'exécution de ces diverses charges, la loi rend responsables les administrateurs des villages et les punit si les diverses obligations imposées ne sont pas remplies.

L'égalité existe pour tous; il n'y a pas de noblesse héréditaire, et pour obtenir un emploi de l'État, il est nécessaire d'avoir passé avec succès certains examens; les fonctionnaires, pris parmi les lettrés, encourent, s'ils ne remplissent pas convenablement leur mission, certaines peines déterminées par le code. Au-dessus de tous vient l'Empereur jouissant d'un pouvoir absolu qui n'a comme limites que les règles qui lui sont imposées par la tradition et le livre des Rites, règles auxquelles il est obligé de se conformer, s'il ne veut pas se rendre indigne du mandat qui lui est confié.

Près de lui le Tribunal des censeurs doit lui rappeler ses devoirs lorsqu'il s'en écarte. Le souverain a sur tous ses sujets le même droit que le père de famille a sur ses enfants; mais si la loi naturelle fait que le père de famille ayant inné en lui l'amour de ses enfants, agit toujours dans leur intérêt; si ce sentiment instinctif fait qu'il trouve sa plus grande satisfaction dans le bonheur qu'il leur procure, ce qui permet non-seulement sans inconvénient, mais même avec grand avantage, dans l'intérêt de la société, de lui donner une puissance très-grande sur ceux qu'il a créés, il n'en est pas de même d'un souverain jouissant d'une autorité presque absolue, élevé au milieu des adulations, et accoutumé à voir tout plier sous sa volonté. L'Empereur est, il est vrai, obligé de conformer sa conduite aux coutumes séculaires, et aux règles imposées par les livres des Rites ; il doit être, en un mot, le père et la mère de son peuple, mais le seul mobile qui puisse le maintenir dans cette voie où il doit marcher est la satisfaction du devoir accompli. Pour que la machine gouvernementale telle qu'elle est instituée dans l'Annam puisse fonctionner dans l'intérêt du peuple il faut que la vie du souverain soit une vie de travail continuel ; aussi pour le maintenir dans la ligne que les doctrines consacrées lui ordonnent de suivre, a-t-on installé un tribunal des censeurs, chargé de rappeler le prince à l'obligation de n'user de son pouvoir que suivant les règles établies,

L'histoire de Chine fait mention de nombreux censeurs ayant préféré la mort que leur infligeait le souverain plutôt que de manquer à leur devoir, c'est-à-dire de ne pas faire remarquer à l'Empereur les fautes dont il se rendait coupable en ne remplissant pas les obligations qui lui sont imposées ; mais rien ne prouve plus l'impuissance de ce contrôle que cette possibilité de faire périr ceux qui sont chargés de ce soin.

Le principe d'autorité est donc outré dans ce système ; cette presque impossibilité où se trouvent les sujets de faire arriver leurs plaintes jusqu'à l'autorité suprême, car ce droit de s'adresser directement au roi dans les conditions que l'on a indiquées, est un droit à peu près illusoire, est la grande cause de faiblesse de l'organisation de l'Annam ; il est vrai que c'est grâce à cette autorité incontestée, à cette puissance devant laquelle tout s'incline, qu'il est possible de laisser les communes jouir d'une liberté aussi complète, puisque grâce à ce respect du pouvoir, la liberté d'action de chacun de ces petits centres s'arrête au point où elle pourrait nuire à l'intérêt général ; mais la limite de l'autorité de l'Empereur, qui se trouve, il est vrai, fixée par la tradition, mais qui, n'ayant aucune sanction matérielle efficace, ne dépend en réalité que de sa volonté, n'est pas suffisamment tracée ; de là découlent les résultats peu satisfaisants que donne l'organisation gouvernementale de l'Annam, aussitôt que le souverain ne remplit pas concien-cieusement les devoirs que lui impose le Mandat du ciel.

Ainsi, liberté complète aux communes de s'administrer, suivant les usages et les coutumes de chacune d'elles, au moyen de conseils élus par les intéressés à la prospérité du village ; respect absolu de l'autorité centrale, qui par ses délégués fixe à chaque commune les charges qu'elle doit subir dans l'intérêt général ; toutes les affaires ramenées à un centre unique, le souverain, devant qui tous s'inclinent et croiraient commettre un sacrilége s'ils résistaient à sa volonté, souverain dont les devoirs tracés par la tradition et les livres des Rites n'ont aucun contrôle efficace et dont l'autorité n'a en réalité comme limites que celles que sa conscience lui impose, telle est l'organisation de l'empire d'Annam, organisation calquée sur celle de l'empire du Milieu qui existe depuis environ 5000 ans.

Cette durée extraordinaire est due au respect du principe d'autorité ; manquer à la piété filiale est l'action la plus blâmable que puisse commettre un habitant du céleste Empire ; remplir les devoirs d'obéissance envers ses parents rend digne de la considération publique et des récompenses du souverain.

L'empereur Yu-Chun institua plus de 2200 ans avant Jésus-Christ que la famille devait être tout dans l'État et l'individualité fort peu de chose ; puis, pour que tout restât homogène, dans l'intérêt de la société et de l'État, il créa cinq règles immuables c'est-à-dire, cinq devoirs qui sont : ceux du père et des enfants ; du roi et des sujets ; des époux, des vieillards et des jeunes gens ; et enfin des amis entre eux. Dans chaque famille, le chef est souverain, comme l'empereur dans l'Empire ; il répond de tous les membres qui la composent et sa voix est la seule qui soit consultée. De ces principes qui donnèrent la vie à l'empire et lui ont permis de traverser les siècles, est sorti le culte des ancêtres, le respect de la tradition et de ceux qui dans l'ordre politique occupent la place du père et de la mère dans la famille.

Puis pour conserver intacts ces principes, les législateurs chinois établirent un code détaillé de tous les devoirs de la vie civile, un mémorial des rites qui est de tous les livres canoniques celui qui a eu le plus d'effets pratiques sur la vie de ces peuples, pour qui les rites sont l'expression de la civilisation et leur rappellent continuellement les devoirs qu'ils ont à remplir.

C'est ce dogme de la piété filiale qui, transporté de la famille dans l'organisation politique, a assuré la longue durée des systèmes de gouvernement des peuples de race chinoise et en assure encore la continuation.

Amiens. — Imp. H. YVERT, rue des Trois Cailloux, 64

www.ingramcontent.com/pod-product-compliance
Ingram Content Group UK Ltd.
Pitfield, Milton Keynes, MK11 3LW, UK
UKHW032014260826
14628UKWH00005B/2491

9 782013 254137